博物馆里的
考古大发现丛书

陶寺猜想

科影发现/编

中国科学技术出版社
·北京·

科影发现

科影发现

中央新影集团下属优质科普读物出版品牌，致力于科学人文内容的纪录和传播。团队主创人员由资深纪录片人、出版人、文化学者、专业插画师等组成。团队与电子工业出版社、清华大学出版社、机械工业出版社、中国科学技术出版社等国内多家出版社合作，先后策划、制作、出版了《我们的身体超厉害》《不可思议的人体大探秘：手术两百年》《门捷列夫很忙：给孩子的化学启蒙》《小也无穷大》《中国手作》《文明的邂逅》等多部优质图书。

序

　　4300 年前，一个发达的史前文明诞生于此，在绽放了 400 年的时间之后，它泯然无迹深埋于黄土之下。

　　尧舜的传说到底是神话还是信史？中国的名字从何而来？中华文明的源头又在哪里？

　　或许我们能从这个不起眼的小村落找到答案。

　　这个并不起眼的小村落名叫陶寺，位于山西省襄汾县。

　　1978 年，考古工作者在陶寺村厚厚的黄土之下，发现了 4300 年前的人类生活遗迹。

　　这里是最早叫作"中国"的地方，在这里，考古学家发现了 13 根有弧度的夯土柱，这一排"墙不像墙，路不像路"的奇特组合，究竟是什么？通过两年的摸索求证、模拟观测，考古人员终于发现了这居然是最古老的观象台。经考证，这是世界上最早的观象台，也是中国二十四节气的祖源。

　　在陶寺遗址，还发现一个残破的扁壶，扁壶上有两个朱红字符。虽然只是两个简单的字符，却已经是中国发现的最早的单个字符，比成熟的甲骨文早了 700 年。

　　陶寺遗址让人惊喜的发现一个接一个，这里还出土的 29 件乐器，包括土鼓、鼍鼓、特磬、陶铃、铜铃、口弦琴等，距今 4300 年前陶寺社会就出现了明显的乐器组合，由此可以判断，在那个时候的祭祀活动上已经有盛大的乐舞场面。当然，通过这些乐器组合，我们可以发现"礼制"已经形成。

城墙、宫殿、王陵、乐器、观象台、大型仓储区……陶寺遗址是目前国内发现的唯一一座各项功能要素齐备的早期都城遗址，没有哪一个遗址能像陶寺遗址这样全面拥有文明起源形成的要素和标志。

这一系列考古均表明，4000多年前，陶寺进入早期文明社会，具有完备的都城功能，也是一个以王权为中心的国家都城遗址。陶寺遗址无疑是新石器时代晚期黄河中下游地区文明的集大成者。

经过多年的研究论证，考古学家发现陶寺人与周人（发祥于关陇地区，炎帝和黄帝的后裔周族人）同源，与近代人相似。这一惊人的发现意味着，陶寺人带着其文明成果，走出陶寺，走向中华大地，孕育出日后中华民族主流文化的基因。

目录

陶寺 遗址

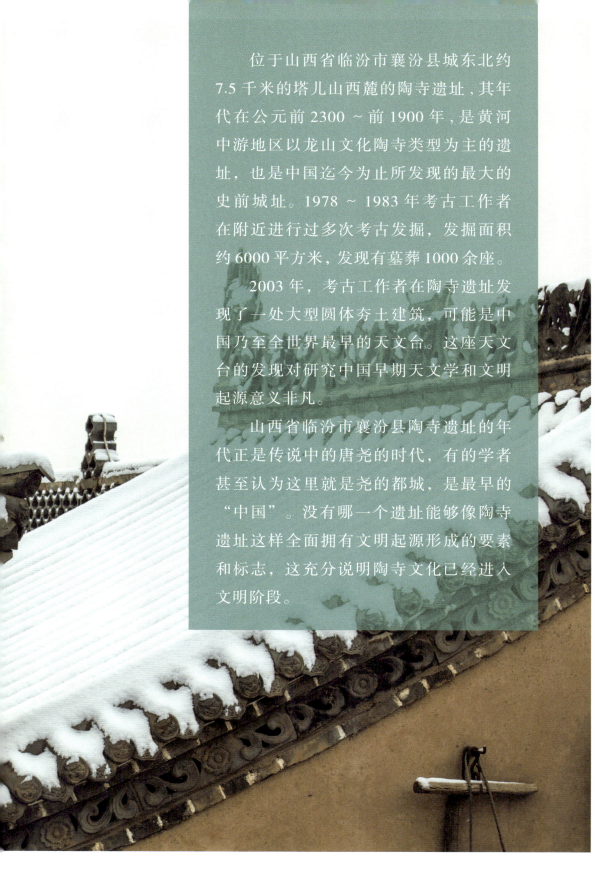

位于山西省临汾市襄汾县城东北约7.5千米的塔儿山西麓的陶寺遗址，其年代在公元前2300～前1900年，是黄河中游地区以龙山文化陶寺类型为主的遗址，也是中国迄今为止所发现的最大的史前城址。1978～1983年考古工作者在附近进行过多次考古发掘，发掘面积约6000平方米，发现有墓葬1000余座。

2003年，考古工作者在陶寺遗址发现了一处大型圆体夯土建筑，可能是中国乃至全世界最早的天文台。这座天文台的发现对研究中国早期天文学和文明起源意义非凡。

山西省临汾市襄汾县陶寺遗址的年代正是传说中的唐尧的时代，有的学者甚至认为这里就是尧的都城，是最早的"中国"。没有哪一个遗址能够像陶寺遗址这样全面拥有文明起源形成的要素和标志，这充分说明陶寺文化已经进入文明阶段。

神秘王城

　　每年农历三月三，山西省洪洞县都会举行盛大的"接姑姑"仪式。轿子里安放的是"姑姑"——尧的女儿娥皇和女英的人偶像。

　　洪洞县位于山西临汾盆地，是传说中唐尧的都城平阳的所在地。上古的传说中，舜被尧看中，选为接班人，并且娶了尧的两个女儿。接姑姑，就是洪洞县村民到舜的家乡历山，把两位姑姑接回娘家省亲。

　　三皇五帝、尧舜禹的故事，在中国民间代代相传，被认为是华夏文明的起点，但在这些不断重复的叙述中，人们也会疑惑，这些故事是否真的曾经发生过，这些故事，能否在现实中找到印证呢？

建置陶寺 超级王城

搜索史前失落的世界，往往要沿着水源探寻。

汾河，黄河最大的支流，从太行山、吕梁山间流出，在注入黄河前冲出了一个临汾盆地。

这片被水润泽的千里沃野，气候温暖，资源丰富，汾河岸边的丁村遗址，早在 10 万年前就有人类居住生活。洪洞县往南 50 千米处，有一个并不起眼的小村——陶寺。

从 1978 年开始，考古学家就对陶寺遗址进行了大规模发掘。翻开厚厚的黄

陶寺村

陶寺遗址

土，考古学家努力寻找着华夏文明最初的模样。陶寺遗址的面积太大了，将近3平方千米，这个规模的遗址，按当时的挖掘能力计算，即使40年也挖不完。

汾河

　　尽管陶寺遗址的发掘持续了40年，但这座小村带给考古学家的却是谜题不断地增加。

　　农田下的陶寺被确认为是距今4300多年的文明遗址，比最早的王朝"夏"还要提前200多年。

　　2002年，在这个将近3平方千米的范围内，考古队在巨大的古城内找到了宫殿区、贵族居住区、普通居民区、手工业作

坊区、墓地和祭祀遗址。

这些考古发现，让人不禁大胆猜想，在那个遥远的时代，已经有了初具规模的城市。随后城墙基址的发掘也证实，这座城被高高的夯土墙围起，显然并不是一座普通的城。这片3平方千米的黄土下，在4300多年前，是一座史前超级城市，持续400年之久。

经过考古人员测量发现，城墙宽度是8～10米，周长是7千米左右，即便青壮年沿着城墙跑一圈也需一两个小时，可见当时城市的规模相当可观了。

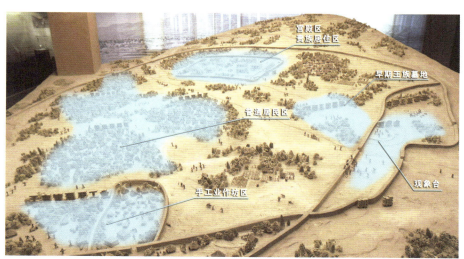

陶寺遗址沙盘图

从陶寺遗址看，当年的城市相当于现在的北京城，它有宫城，相当于北京城里的故宫。宫城旁边有一条笔直的大路，宽大约20米，相当于北京的长安街。

　　陶寺宫城里至少有两个殿堂式的建筑，还有大大小小十几处宫殿基址。

　　面积近8000平方米的宫殿建筑，建在

还原陶寺建筑的示意图

一片完整的夯土台基之上，由多个单体建筑组成。这正是后世宫殿建筑群中沿用的形式。

3排柱洞18根柱子，这个对于后来夏商周三代宫室制度的形成起到了奠定作用。宫室是国家政权最核心的建筑，在陶寺单体宫殿中，18个柱洞的发现，将中国宫室制度的出现时间向前推进了1000多年。

在这座宏大城市中，曾经存在许多精致细节。

对于史前文明的研究来说，数量众多又不会腐烂的陶片是最重要的考古证据之一。在这里发现了100多片板瓦，板瓦一面有戳点纹饰，另外一面没纹饰。

瓦的出现是建筑技术和材料的一个飞跃，以陶制瓦，覆盖房顶，从实用功能上来看，可以避免茅草拌泥屋顶漏雨的弊端。瓦的出现更是反映了当时陶寺城的经济的发展水平，以及社会阶层的等级分化。

在陶寺遗址挖掘的板瓦

没有纹路的一面

有纹饰的一面

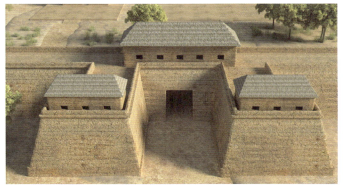

对陶寺阙楼的还原

今日河南省洛阳市应天门阙楼

一座都城的气象

在宫城遗址挖掘中，一项新的考古发现，将这座城市的身份提升至新高度。

在宫城遗址发现了一个城门，这个城门形制非常特别，除了主门道以外两侧还有两个带靴形的墩台，称为阙。

阙是中国古代设置在宫殿、城垣、祠庙大门两侧的高层建筑物，也叫阙门，目前学界通常认为阙门起源于周代，历经汉唐，一直延续至明清。

陶寺遗址的"阙楼"从宫城东南门的南城墙上延伸出来，呈现出"L"形状。这种结构复杂、形制特殊的门址，是目前中国发现的最早阙楼式门址。

尧殿

尧舜都城

在陶寺村的中心广场，一座修建于元代的关帝庙成为村民聚会休闲的场所，茶余饭后，村里的老人都喜欢来这里坐一坐，聊聊天。

不知道从什么时候开始，这里的村民把"太阳"称作"尧王"，持续了几千年。把太阳称作尧王，全中国仅在陶寺有这个传统。千百年来，这里的人们相信，上古时代的贤帝尧就生活在此。

在临汾市区，一座尧庙，已经伫立1700多年。而陶寺大城在考古断代上与传说中尧的时代最为接近，这座规模罕见的史前大城，有可能是尧的都城吗？

山西运城解州关帝庙

临汾博物馆

2018 年 9 月，新修建的山西临汾博物馆开馆。这座三层建筑高 23 米。在第一层 600 多平米的展厅中，展示的就是陶寺考古 40 年来发掘出土的各种文物。

在陶寺文明所处的新石器时代，陶器制作工艺渐趋成熟。最为常见的陶器是生活用具，各种不同的陶器，是展陈数量最多的文物。

就在这些陶器中，有一件出自陶寺祭祀坑的扁壶，尤为特别。扁壶是陶寺遗址中常见的一种汲水器，一面鼓凸，另一面微凹，便于取水。

　　在这只残破的泥质灰陶扁壶上，发现了两个朱红色字符。

扁壶

位于扁壶凸起一面的朱红色字符，与甲骨文中"文"字的写法几乎完全一致，甚至由此确定，这是比甲骨文还早的汉字，而反面的一个字，却一直未得到确认。

对这个字有很多解读，有考古学家认为这个字是"尧"，意思是在人的头顶上用夯土板块，做了一个夯土城，做城的人就叫尧。朱红色字符的出现，体现着陶寺文明的高度。反面的字如果真如考古学家猜测是"尧"字，那么在人的头顶上建一座城池，这个高耸的城，就是尧的都城，即今天的陶寺。

透过扁壶上的符号，似乎可以看见，4300多年前一位众人拥戴的王者，在巍峨大城中，井然有序地管理子民。这俨然是一幅盛世的人间图景。

扁壶上的朱红色字符

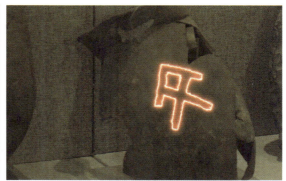

四周天灾 一支独大

近年来，越来越多的考古证据发现，当时的陶寺并非乐土，干旱、寒冷和时不时的大雨，始终与这座大城如影随形。与此同时，古气候学家在全世界不同地方，通过不同的研究方式，一致认定在距今4300年前，整个地球的气候发生了一次降温事件。这次降温导致的气候环境变化，影响了人类文明的进程。

青海省喇家村遗址位于黄河上游，4200多年前，这里曾是人群聚居的繁华之地。但是，喇家村遗址最震撼的发现，却是一些绝望的姿势：奋力护住孩子的母亲、携手想逃的人群，地震和泥石流封存了他们的最后时刻。

在后来的考古调查中，喇家村被证实至少遭受了11次的洪水袭击。一段延续了千余年的早期文明，就在一次一次的洪水中，慢慢消失于中国的西北地区。

喇家村遗址遗存

环境考古：台塬没有发生过大洪水

大洪水，可能是 4300 多年前中华大地上最让人惊惧的灾难。不仅在黄河上游，长江中下游，甚至与陶寺同为黄河中游的河南地区，都在考古地层中发现了洪水的痕迹。这些地区出现的早期文明，也随之衰退、中断，甚至消失。

不可思议的是，陶寺不仅没有受到洪水影响，反而出现了 3 平方千米的大城。源远流长的华夏文明、尧舜禹的故事，也从这里开始。

是什么样的因缘际会，让陶寺这座不起眼的小村，成为华夏历史的一个重要节点？

考古学家一直在探寻陶寺遗址 4300 多年前的地理、地貌。这座史前超级大城的出现，是否与它所处的地理环境有关？

台塬，是黄土高原地区一种特殊的地貌，陶寺南边的塔儿山，是伫立在山西省中南部太岳山的余脉。塔儿山主峰 1400 多米，汾河聚集的湿润气流，遇到塔儿山，形成地形雨。丰富的降水夹带着砾石，日复一日冲刷着黄土，陶寺所在的地区，就形成一块四周陡峭，顶部平坦的高地。

陶寺古城就建在比汾河高出 50 米的黄土台塬上，远远望去，巍然屹立。这与那个被推测为"尧"的字符——在人头顶上，夯土做城，十分会意传神。

塔儿山

黄河乾坤湾

陶寺遗址位于黄河中游大拐弯处的河东地区，南边是塔儿山，面对着汾河。陶寺地势比较高，这就可以避免季节性的洪水。

经过几千年的切割、侵蚀、堆积，台塬的土层就像树的年轮一样，留下了时间的记录。通过研究砾石层分布年代，我们可以推测出当年陶寺的水土面貌。

考古学家对陶寺地层做了采样和测

年，发现从距今 1.1 万
年到距今 890 年中，地
层中都有大量的砾石层
存在。砾石层，实际代
表的是当时河道底面的
情况。通过对砾石层的
研究，考古学家判断，

陶寺的位置

距今 890 年前，也就是南宋之前，陶寺只有几条主要的河流，
而且流量很稳定，没有大洪水痕迹。

在那个时期，陶寺的位置得天独厚。

陶寺都邑所建的地方是临汾盆地地理优势最好的地方，其所处的台塬相对于比较平坦，没有冲沟，而且当时的水资源也比较充沛，塔儿山上的流水顺着当时的宋村沟，

寓意华夏文明之源的临汾市华门景观

还有南河流下来供陶寺城里的居民利用。

陶寺选址在塔儿山山前缓缓倾斜的黄土台塬上，距离汾河远近适中，又远远高出汾河，这是一种具有天然优势的地貌选择。

台塬顶面平坦，为城址建设提供了土地资源；台塬上形成的古土壤营养丰富，利于旱地农业的发展，而且便于利用汾河冲积平原的交通要道进行文化交流，而最大的优势在于能够避免水患。

这个发现，足以引起环境考古学家们重新审视陶寺所在的这片晋南黄土台塬。在陶寺大城出现以前，它在当时的中华大地上是一个什么样的存在？

山西省吉县「柿子滩」

当我们乘车从北京前往山西，车厢内忽明忽暗，犹如在时空隧道中穿梭。穿越巍巍太行，也就从地势低平的华北平原来到了海拔高度至少有 800 米的黄土高原。

很难想象 1 万年以前，太原盆地是一片很大的湖泊。除了地貌在变，气候也在变，冷暖交替。人类活动也随着气候的变化而变化，暖的时候人类活动就要活跃得多。

人类的行为活动与环境气候息息相关。黄河东岸，离陶寺遗址不到 100 千米，是柿子滩遗址群，距今 1 万年前，全球气候已走出大冰期，逐步转暖，眼前这片巨石嶙峋的谷地曾是水草丰茂的河漫滩。

柿子滩有上万件的石器遗存，以及多处用火的遗迹。这座大型人类居住的遗址，是当时全球各地史前人类生活的黄金时代的缩影。

尧舜之都

随着考古学家对陶寺大城遗址的发掘整理，越来越多的考古证据让原本只存在于文献中的史前人物尧和舜有了依据。口口相传的神话和流传至今的民俗仪式，都在不断印证着人们对于陶寺的猜想：繁荣安定的陶寺大城，很有可能就是传说中尧舜时代的权力中心，可以说是史前时代最初的中国。在400年的时间里，陶寺人不仅生存下来，还创造出复杂的礼乐制度，华夏文明特有的基因在此渐渐呈现。

落日下的黄河如游龙

✕ 中华文明的母亲河

距今 6000 多年前，中华大地上出现了大量的定居群落，他们种植水稻、小米，饲养猪、牛、羊，能制作形态各异的陶器，这些群落还有了社会分工、阶级分层。这些散落各地的文明之光如夜空繁星，明灭闪耀，其中东北的红山、黄河流域的仰韶、江南的良渚，在这满天星斗中，最为璀璨。

沿柿子滩清水河寻踪而下，我们就来到孕育了中华文明的母亲河——黄河。

当人类从采集走向农耕，水源和气候成为选择居所的重要条件。此时的黄河流域，天时地利，利于农作物生长，吸引了大量人口聚居。

沿着黄河的支流，新石器遗址非常多，这些遗址集中在晋南豫西关中中原地区这一带，这里是影响中华文明诞生的核心地区。

冬季的黄河壶口

为何能成为华夏文明的发源地？

　　冬季的黄河壶口，磅礴的大河在自然的力量下，骤然冰封。

　　虽然在6000多年前，仰韶文化已经在黄河地区开始发展壮大，但同时期其他地方的文明发展也并不逊色。在诸多文明并行发展的过程中，为何黄河流域最终成为今天华夏文明的发源地？

　　黄河的上游、中游和下游，在4000多年前的龙山晚期，都出现过比较大的洪水。东边的大汶口、山东的龙山、青海的喇家遗址，都有着被洪水冲掉的典型特征；洛阳盆地的二里头遗址、钱塘江流域的良渚遗址和长江中游地区的石家河遗址，也都有洪水冲刷的痕迹，这些遗址很多都被破坏了。而黄河中游地区受破坏较小，文明得以保留，所以华夏文明核心唯一延续下来的就是中原地区。

冬日的壶口瀑布

　　正如 8000 年前到 5000 年前温暖适宜的气候，带来了史前文明的大发展。4200多年前，全球气温的急剧下降，同样对正在发展中的人类文明产生了重大影响。

　　这次气候事件究竟怎样改变了当时中华大地的文明进程呢？古气候学家试图通过一种特殊的记录符号，去还原曾经发生过的故事。

4200 年前气候影响世界文明

4200 多年前有一次巨大的气候突变。这次气候突变又称"4.2K 事件"，是一次全球性的降温事件。

这次气候事件对人类早期文明的影响非常大。中纬度的寒冷使得两河流域、尼罗河流域及印度河流域的文明先后衰落。这次气候事件摧毁了古埃及文明，也摧毁了古巴比伦文明和古印度文明。

当时生产力水平低下，人们完全靠天吃饭。降温伴随干旱，人们的土地遭到了极大的破坏。这次气候突变来势汹汹，而且持续时间长，有二三百年之久，发生范围也广。两河流域、尼罗河流域及印度河流域的人们无法通过迁徙至环境更好的地方来规避气候突变的打击，古代文明社会长期处于崩溃的边缘而难以得到恢复，因此导致文明的衰落。

　　在4200多年前的中华大地上，各地都是什么样的气候环境呢？

　　科学家们从溶洞的石笋开始着手研究。溶洞深处，雨水从顶部的石灰岩中渗透下来，这些饱含着碳酸（氢）钙的溶液，在年复一年的滴落中重新结晶，形成石笋。石笋，它是一个比较忠实地反映地质历史时期气候变化的地质载体。

　　当时的大气降水的信息就被包裹在石笋里，石笋形成之后就不再改变。所以，从石笋提取的信息，可以反推过去大气降水的变化。

　　在过去的20年里，科学家在中国南北各地的溶洞里，采集到不同的石笋样本，这些石笋记录了当地几千年甚至数万年的气候信息，经过专业设备的分析，推测出4200多年前的中华大地上各个地方都是什么样的气候环境。

石笋

汉江风光

　　通过研究汉江上游祥龙洞里的石笋，科学家们发现在 4200 多年前整个汉江上游，气候非常湿润。这种过于湿润的气候导致汉江上游出现一系列的洪水。科学家们推断，那时候南方都非常湿润。

　　汉江发源秦岭南麓，流经陕西、湖北，在武汉汇入长江，如果 4200 多年前，汉江上游的陕西汉中地区，洪水频发，可以推测，长江区域也有可能遭遇同样情况。此时，处于长江下游的良渚极有可能面临着长达数十年甚至百年的洪水侵袭。

汉江

浑善达克沙地的碱水湖

在当时中国的北方，情况却不一样。

4200多年前，中国北方确实逐渐干旱、寒冷。

在今天中国地图上，有一条重要的地理分界线，400毫米等降水量线，这条分界线以北，降水稀少。可以想象，在4200多年前，北方逐渐干旱寒冷的过程中，这片区域，将会面临更为严重的生存危机。

浑善达克沙地是中国十大沙漠沙地之一，位于内蒙古中部锡林郭勒草原南端。

环境地质学家对浑善达克沙地地表沉积物进行化学元素分析，判断浑善达克沙地曾经河网密集，乔木林立，出土的大量石器和陶器残片，显示出这里正属于红山文化，当时是人口稠密的聚居地。可以推测，正是4200多年前的降温，让盛极一时的红山文化慢慢走向衰亡。这次降温，使得这个地方完全沙漠化了。

黄河河南段

在河南淇县的一根石笋上，科学家还发现除了干旱、寒冷之外的气候信息。

在 4200 多年前的气候事件中，除了逐渐干旱，也有一些极端的降水事件发生。当时北方的气候状态大概是一个逐步干旱的状态，但是变干旱的过程中，突然会有一次大暴雨，造成洪水泛滥。

河南与陕西交界，地理气候类似，当时的陶寺也遭遇了干旱、寒冷的天气，当然也会时不时遭受一场暴雨的袭击。但幸运的是，陶寺处于黄土台塬，避开了洪水。但地势平坦的河南就不一样了，在恶劣天气的夹击中，生产生活很难得以持续。所以，从今天的考古遗址中也能看出，当时的河南地区，并没有出现像陶寺这样的 3 平方千米大城。

气候变迁中的幸运儿

　　5000 年前曾经繁星闪烁的文明之光，经过 4200 多年前的降温事件，或已熄灭，或忽明忽暗，艰难维持。中国南北方多处的史前文明或毁于洪水，或在干旱、寒冷中苦苦挣扎。

　　暗淡夜空中，晋南的陶寺，没有天时，却有地利，保存下原有的文明。

　　作为气候变迁中的幸运儿，遭遇干旱与严寒的陶寺，即使有暴雨袭来，还是发展出一座 3 万平方千米的大城。

还原陶寺场景图

陶寺

小米的碳化标本

内蒙古敖汉旗种植了大片的小米

饱满的小米米穗

金黄的古敖汉旗小米

　　每年 4 月，内蒙古敖汉旗迎来小米播种的季节。位于内蒙古赤峰市敖汉旗东部的兴隆沟聚落遗址，距今近 8000 年，总面积约有 0.05 平方千米。

　　2003 年，考古工作者在敖汉旗兴隆沟发掘出了粟，也就是小米的碳化标本，这些炭化粟在形态特征上所表现出的特性，揭示这些谷物很可能是在当地栽培而成的。后来经过进一步考证得知，约 8000 年前，正是在这片松软的黄土地上，借助地球大暖期的来临，人类从狗尾草中选育驯化出小米，成为最早的栽培农作物之一，开启了中国北方的农耕文明。

　　因为对环境极强的适应性，尤其耐干旱，抗严寒，小米成为整个北方地区的主要粮食作物。

陶寺仓储区场景还原图

4200 多年前，干旱和寒冷突然席卷中国北方，这片最早开始种植小米的区域，因为降水减少，导致产量锐减，无法支撑庞大的人口。

而在晋南的陶寺，尽管也遭遇干旱，情况却有所不同。干旱和寒冷虽然对陶寺的旱作农业有一些影响，但并没有形成致命的打击，这里的旱作农业还在继续。

考古学家就在陶寺遗址北部发现了巨大的仓储区，面积近 1000 平方米。在仓储区密集的窖穴中，出土了大量腐朽的小米。

陶寺居民区场景还原图

黄土台塬

属于陶寺的时代

陶寺的考古挖掘显示，陶寺文明持续了 400 年，有明显的 3 个阶段，而 3 平方千米的大城，正处于中期最繁华之时。

河南、山西等地洪水过后幸存的人们，在干旱与寒冷中寻求生机的人们，遇到了高耸于黄土的这片台塬，历史的偶然与必然，成就了属于陶寺的时代。

陶寺出土的大量陶器，也呈现出交融各种文化因素后独树一帜的器型。

考古学家在经过定量的分型研究，认为 4000 多年前崛起的陶寺，与周边文化有着千丝万缕的联系，却并不从属其中任何一种。

陶寺出土的玉器

　　玉器是出土数量仅次于陶器的考古证据，这些玉琮和玉璧，在长江下游地区的良渚地区最为常见，陶寺的年代晚于良渚，专家推测，这些玉器很可能源于良渚文化。

　　从东南到山西的漫漫迁徙路，对于史前人类来说，是否有这个可能呢？

　　到达陶寺，要穿越太行山，而太行山是层状地貌，流水和风力切割出低谷，低谷便于行走，逐渐演变成道路，太行山著名的太行八陉，就是这样形成的。比起难以逾越的崇山峻岭，太行山特殊的地理为移民的迁徙，提供了可能。

陶寺出土陶器的手绘图

🗿 陶寺王城的崛起过程

我们大致可以勾勒出一幅陶寺王城的崛起过程。

从 10 万年前开始，临汾盆地因为优越的气候地理，繁衍了最初的人类。6000 多年前，这里和河南西部、关中东部构成了仰韶文化的核心区，最初的农业文明渐呈欣欣向荣之势。

然而在 4200 多年前，地球环境突然遭受到一次剧烈的气候变化，洪水、干旱、严寒毁坏了多处文明，幸存下的人们开始寻找新的家园。

当他们从南往北，从西到东，来到巍峨的太行山前，天然的东西向低谷，帮助他们穿越太行山，到达晋南的临汾盆地。

台塬远离洪水，而塔儿山形成的地形雨，又有足够降水供给当地的人们。

尽管这里气候严寒，但松软的黄土，种植出耐寒的小米，足以让他们定居生产。远道而来的移民和原本在此有丰富劳作经验的陶寺人，相互融合，开启了最初的华夏文明。

太行山

对陶寺遗址的考古发现和对大城遗址的发掘整理，让原本只存在文献中的尧和舜有了依据。口口相传的神话和流传至今的仪式，都在不断印证着人们对于陶寺的猜想：繁荣安定的陶寺大城，很有可能就是传说

中尧舜时代的权力中心。

《尚书·尧典》中记载，尧是黄河流域部落联盟的首领。他在位期间，"九族既睦，协和万邦"，似乎也与陶寺大城包容了各方移民的推测不谋而合。

尧舜古镇

史前时代最初的中国

2017 年 12 月 13 日，上海举行了一次考古学界的全球盛会。

在这次考古学界的全球盛会上，中国山西陶寺遗址研究荣获了"十大考古研究奖"。陶寺遗址及其文化已经具备了中国早期国家形态，这个结论得到了历史考古界的认可。陶寺遗址及社会政治结构已进入国家时期，可以说是史前时代最初的中国。

文明，是褪去野蛮、随机与无序；是一群人产生共识，有了国家。

4000 多年前，中华文化就肇始于汾河岸边这片丰腴的土地上。

那些被洪水和严寒驱赶的华夏先民，幸运地发现了陶寺，他们在这里种植小米、制作陶器、兴建土木，度过了最难熬的岁月。在将近 400 年的时间里，他们不仅生存下来，还创造出复杂的礼乐制度，华夏文明特有的基因渐渐呈现。

这是一个向成熟文明趋近的过程，它拓展了人们对史前华夏文明演变的认知。

汾河岸边

观象密码

　　陶寺遗址是同时期黄河流域最大的城址，也是晋南地区最重要的经济、政治和宗教中心，是新石器时代晚期黄河中下游地区文明的集大成者。其中，陶寺观象台的发现，可以说是最轰动，也最有争议的一项。考古工作者经过十多年的研究发现，陶寺观象台是用来观测太阳运动规律的，利用陶寺观象台，目前可以观测到二十四节气中的二十个节气，它是迄今为止世界上最早的天文台。

三门祭冬大典

🟢 冬至祭天

　　2017 年 12 月 22 日，冬至，浙江三门杨家村的村民们一早聚集在宗祠前，开始当年的祭冬大典。

　　三门祭冬大典，已经有 700 多年的历史，世代相传一整套严格规矩，体现的是对天地自然的敬畏。

　　冬至祭天，人们企盼的是来年一年的风调雨顺。

　　同样一天，坐标北移 1000 多千米，山西襄汾陶寺村，考

　　古学家把相机都准备好了，他们要透过眼前的这座大型建筑观测日出。

　　8 时 18 分，太阳从塔儿山上露头，当阳光透过第 2 道柱缝，慢慢挥洒开，时光仿佛回到 4000 多年前，遥远的先民也是在这里怀着敬畏的心情仰望太阳，迎接冬至的到来。

观象台遗址，最轰动的发现

考古学家每年都耗费超过 6 个月的时间在陶寺进行田野发掘，自从 2003 年这里的观象台被发现以来，每逢节令就在观象台观测日出这一工作，已经持续十几年。

2017 年 5 月 21 日，同样是在陶寺村，在这座被称为观象台的建筑前，考古学家凌晨 5 点就开始观测日出，因为云层太厚，他们观测的结果并不让人满意。

那么，这座大型史前建筑，究竟意味着什么？为什么十几年来，考古学家对它的研究仍然不曾停止？

考古学家在陶寺观象台观测

观象台简介

陶寺观象台简介

陶寺观象台所在的临汾盆地土壤肥沃，水源丰富，提供了孕育文明的先机。

4300多年前，一个发达的史前文明诞生于此，在绽放了400年之后，它泯然无迹，深埋于黄土之下；直到1978年，考古学家在这里发现了它，并将之命名为陶寺遗址。

这是同时期黄河流域最大的城址，也

临汾盆地

是晋南地区最重要的经济、政治和宗教中心，无论是有最早象形文字的器皿，还是规模宏大齐整的宫殿，这些考古发现均表明，陶寺遗址是新石器时代晚期黄河中下游地区文明的集大成者。

而在所有这些发现中，观象台遗址可以说是最轰动，也最有争议的一项。

陶寺观象台

由于观象台的特殊性，吸引了国内外众多考古学家、天文学家和历史学家前来参观考察，而接待这些专家，也是陶寺考古队的工作之一。

陶寺古观象台由 13 根夯土柱组成，呈半圆形，半径 10.5 米，弧长 19.5 米。土柱之间有一条条的狭缝。

一个偶然的机会，一位天文学专业的实习生来到了陶寺。他看着观象台，发现一条缝隙正对着塔儿山，于是提出了自己的猜测，这些缝隙是不是用来看太阳的。

一语惊醒梦中人。

如果陶寺观象台真的是用来观测太阳运动规律的，那它将是目前发现的最早的天文台。在陶寺观象台发现之前，有专家推测，英国的巨石阵可能是远古人类用于观测天象的。

因为人们靠天吃饭，也没有过多的干预手段，所以季节变化对新石器时代的农业社会至为关键。

英国巨石阵

🪨 观象台的定义——
最早的天文台

陶寺遗址的发掘始于 1978 年，40 多年来，考古工作者对遗址的居住区、墓葬区、城址等进行了发掘。

从 2017 年开始，考古队对陶寺宫城东南拐角进行了扩大发掘。

宫城是古代阶级划分的重要标志，陶寺宫城的重要发现，也让考古学家相信，陶寺观象台这样一个代表当时科技最高水平的天文建筑，是很有可能在那个年代被修建出来的。

考古人员对陶寺宫城进行挖掘

从目前考古发现来说，陶寺观象台在国内来说应该是一个考古的孤证。在此以后历史时期，因为不再使用这样的地平仪观测技术，所以基本上也就失传了，也就找不到这样的遗存。

考古人员对陶寺宫城东南角进行扩大挖掘

塔儿山

陶寺观象台由 13 根高达 5 米的石柱和
一个圆形观测台组成。站在观象台向东看，
人们会看见一座隐约的山脉——塔儿山，
那里是太阳初升的地方。

山脊、石柱、观测台，4300 多年前的
陶寺人，又是如何将这些看似没有联系的

物体组合到一起的呢？

　　13根柱子组成了12道缝隙。面向塔儿山，站在观测点上，透过观测柱，太阳升起切过塔儿山的山脊，当阳光穿过观测柱的缝隙投射在观测点上时，就说明一个节气的来到。

考古队在原址复制模型进行模拟实测

　　观测柱、观测点、塔儿山，构成了这个宏伟的观象系统，每一道缝隙对应着一个节气，观象台 12 道柱缝对应着 20 个节气。通过最初整整 2 年的观测，考古人员记录了 20 个节气的具体时间，这是迄今为止全世界范围内已知的最缜密的太阳历法，代表着当时天文学的最高水平。

　　考古队在原址复制模型进行模拟实测，从第二个狭缝看到日出为冬至日，第 12 个狭缝看到日出为夏至日，第 7 个狭缝看到日出为春分、秋分。

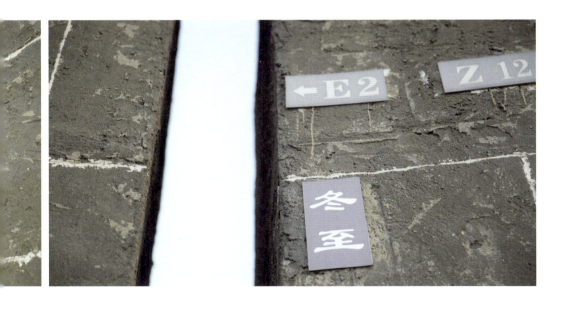

山西省黄河滩区上的农作物

✕ 依时令而劳作

陶寺的观象台建立的是一套20个节气的历法，这20个节气与当地一年四季的气候变化、农事、宗教节日相联系，成为迄今为止我们所知道的最早的历法。

春生夏长、秋收冬藏，依时令而行，这大概是中国人最不需要去刻意经营的一种生活习惯了。成熟于汉代的二十四节气从最初的指导农业生产，逐渐融于中国人生活的方方面面，滋生出中国人特有的生活哲学。

2017 年 12 月 22 日，冬至，当塔儿山的阳光透过柱缝投射到陶寺观象台观测点的中心之时，在北京，长城脚下的莲池头村，村民正向一位到访的客人展示着他过冬至的习俗。

在冬至这天，村民有一个简单的仪式，敬天敬地，同时祈祷来年五谷丰登，大家有个好的收成。

在冬至那天，民间有各种传统民俗。同样的节气，却因为地域不同而有着不同的习俗，比如北方过冬至习惯包饺子，而在江南却有着冬至吃汤圆的传统习俗。

古人认为自冬至起，天地阳气开始兴作渐强，下一个循环又开始了，冬至在人们心里被看作是大吉之日。民间历来十分重视这个节气，各地在冬至时有不同的风俗。

同样的节气，不同的习俗，因地制宜，可以说这也是二十四节气的智慧之处。

长城脚下的莲池头村冬至敬天地场景

节气和农业生产的关系非常严密，节气这一时间的节律，既是农民进行农业生产的一个节律，也是农民日常生活的一个节律。

北方有冬至吃饺子的习俗

史前人类生活

　　人类在经历了漫长的渔猎和采集生活之后发现，通过观察太阳的运动可以确定寒暑，从而掌握四季变化的规律，就可以更有效地获取食物。于是，史前社会的人类开始主动去学习如何观察太阳，以获取更多的食物，降低生存的难度。

　　这是人类生存的本能，不因地域、年代而改变。

　　对天象的敬畏和追索，也因此贯穿于人类社会的始终，并指导先民结束原始渔猎方式，迈入农耕文明。

良渚文化遗址的瑶山祭坛

1991 年，考古人员在浙江瓶窑汇观山上，发现了一座良渚时期的祭坛。

汇观山是一座小山，海拔约 22 米。祭坛是利用自然的山体修凿而成，总体为长方形覆斗状，东西两端呈二级阶梯状，台面多有不同土色，布局有序。在祭坛的顶面偏西的位置，以挖沟填筑的方式，做出回字形的灰土方框。

浙江文物考古研究所的考古学家，在经过长达 10 年的研究后，发现这座祭坛具有观测太阳的功能，祭坛的东南、东北角，刚好对应冬至、夏至的日影。

祭坛是回字结构，通过它的四个角，可以测量一年尤其是夏至、冬至的太阳日出日落的方向。

无独有偶，在汇观山祭坛两千米外，考古学家又发现了瑶山祭坛。瑶山祭坛和汇观山祭坛十分相似，同样是"回"字形，冬至日的日出方向与祭坛的东南角所指方位一致，日落方向与西南角所指方向一致，夏至日的日出和日落，也恰好对应东北角和西北角方位。

由此可见，这祭坛可是良渚先民们智慧的结晶。

良渚古城遗址沙盘模型

　　良渚遗址是中国长江下游太湖流域一支重要的古文明遗迹，距今 5300 ～ 4300 年，是长江流域最具代表性的史前文明之一。它的发现，证实了中国 5000 年文明的可信度，而汇观山遗址则是其中最大的遗址群。

　　在早于陶寺 1000 年的良渚时期，良渚人同样通过观测太

阳，确定了冬至、夏至、春分、秋分四个节气。

　　1000 年之后，陶寺人则在黄河之畔，通过观象台确立了 20 个节气，从南到北，两处遗址用 1000 年的时间，向我们展示了史前人类对天文知识的掌握进程。

☯ 从二十节气到传统 二十四节气

　　站在观测点，通过陶寺观象台 12 道观测缝，人们可观测到"冬至—夏至—冬至"一个太阳回归年的二十个时节的缝中线日切。

　　假如冬至这一天是起点，太阳到了最南边，冬至这一天就不会继续再往南，而是往北走，走到中间就是春分，然后再往北，到了最北停止，这就是夏至，然后再往回走，走到中间是秋分，一来一回，12 个缝隙，20 个节气。

　　考古学家一直在验证性观测观象台的日出，经过几十次的失败，终于在 2005 年 12 月 22 日那天观测到太阳透过东边第二道柱缝打到了中心观测点上，那一天，正好是冬至。

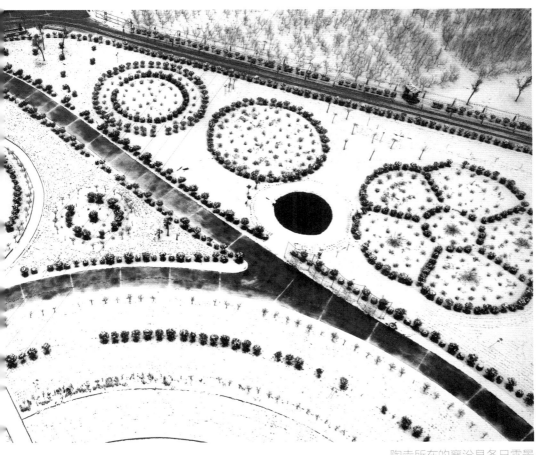

陶寺所在的襄汾县冬日雪景

　　这 12 道缝中，1 号缝没有观测日出功能；7 号缝居中，为春分、秋分观测缝；2 号缝为冬至观测缝；12 号缝为夏至观测缝。除 2 号缝、12 号缝各用一次之外，其余 9 道缝皆于上半年和下半年各用一次。也就是说，从观测点可观测到一个太阳回归年的 20 个时节。

如今农民依旧按照24节气顺时农作

4000 多年的时间因为一道柔和的阳光而相连，仿佛阳光那头是先民的智慧和创造，而阳光这头，考古学家又重拾了他们的密码。

他们可以确定的是，从观测点可观测到"冬至到夏至到冬至"一个太阳回归年的 20 个时节。

在国家授时中心，有科研人员将古籍中记载的天文现象通过计算而复原，这其中，也包括历法和节气的记载。

通过软件可以看出，陶寺观象台是通过 12 个柱缝，在空间关系上将时间分成了 12 个等分，这是早期人类利用太阳制定历法的一种方法，由此制定的历法也被称为太阳历，那么，它和现在我们通用的二十四节气有没有关系呢？

从陶寺遗址我们可以看出，它是靠观察日出的方向来定季节。它一共 20 个时间点，这 20 个时间点，跟二十四节气不是一回事，因为古人还没有认识到日出方向，与时间不是一个均匀的关系。所以当时它做这个 13 根柱子形成的 12 道缝隙，是按照基本上均匀的方位来做的，这样所定出来的时间节点，跟后来的二十四节气不太一样。

4000多年前的陶寺人，通过观象台这种大型天文观测仪器，根据当地的实际需要，观测日出来制定节气为农业服务。

虽然没有证据可以证明陶寺的二十节气和传统二十四节气有直接的关系，但是通过对比两套历法中的节气时间，可以发现，两套历法中，有超过一半的节气是重合的。

山西成熟的麦田

　　然而，当年在山西这片土地上的陶寺人并不知道，他们精心得到的这套历法有一个局限性，那就是离开了晋南盆地，这套历法就没有丝毫用处了。这也是史前太阳历的普遍问题，正因如此，古人继续探索天象，并最终在此基础上发展出我们现在所熟识的二十四节气。

敬天授时

　　4000多年前的陶寺人，通过观象台观测日出来制定节气，为农业服务。

　　度过了漫长的渔猎采集生活后，陶寺人的年代处在农业生产蓬勃发展的阶段。历法，是这一阶段的重心，君王通过授予百姓历法、指导农业生产，从而达到控制百姓的目的，而观象台，就是君王实现这种控制的工具。

临汾古韵

观象台的时代推断

　　晋南盆地是史书中所记载的尧舜的主要活动领域，而临汾市襄汾陶寺遗址的考古年代也判定为距今4300～3900年，这也和史书中所记载的尧舜的活动时间大致吻合。因此，考古学家推断，陶寺遗址很有可能是尧舜的都城。

　　从炎帝神农到尧帝，中国的神话系统中从来都不缺乏有关农业发展的内容，如果说神农发明刀耕火种还只是传说，那么，在《尚书·尧典》中则明确有着尧帝"敬授民时"的记载。

　　相传尧帝还由此而作了中国最早的诗歌——击壤歌。传说击壤歌就是尧帝在出巡康庄时写就的。

山西省临汾市尧都区尧陵景区风光

"日出而作、日入而息"，《击壤歌》中的时间观念，是尧帝时代农业生产的生动体现。

尧帝时代，农耕初创，四时无序，人们对耕作的时间很难把握，于是尧帝观测"历象日月星辰，敬授民时"，从而保障了农业生产。

有的民间文化学者，深信尧舜确有其人，他们认为传说中的尧都平阳就在今天的陶寺。他们总是希望在这片土地上找到关于尧舜那个时期的蛛丝马迹。

尧的始封地隆尧

　　康庄村是山西省大同市灵丘县赵北乡下辖的行政村。

　　《平阳府志》记载，金代平阳尹张浩曾在康庄村建立击壤亭，其内立有一块石碑，上书"击壤处"三字，据当地老乡说，自己家中所藏的残碑就是金代张浩所立，

经过千年风雨，上面只剩下"击"字了。

这块石碑的真假无从鉴定，但或许这可能说明临汾盆地是尧帝所在，并不是空穴来风？

尧帝时期已经进入发达的农业文明似乎也有证可循。

河南登封告成镇观星台仰仪球面日晷

敬授民时，指将历法赋予百姓，使百姓知时令变化，不误农时。

名义上讲，历象日月星辰，敬授民时，这个"敬"看似表达得很恭敬，实际上它是通过历法，对于整个社会进行控制。

文物修复

武家璧倡导的祭祀说

　　11月底，晋南盆地已寒霜封地，考古队的野外作业停止了，驻扎在临汾市侯马市的侯马工作站，开始文物修复工作。

　　一尊土鼓是陶寺遗址出土的最大的一

侯马市

件器物，高 1.2 米，直径三四十厘米，是社会等级最高的象征。

土鼓也出土于 5 座"王者"大墓，这个墓主人却很可能是当时的"乐师"。

作为一件礼乐器，土鼓也只会出现在规格最高的祭祀仪式上。

被复原的土鼓

陶寺遗址出土乐器不只有土鼓。

除了土鼓 6 件，还有鼍鼓 8 件、石磬 4 件、陶铃 8 件、陶埙 1 件、铜铃 1 件、口弦琴 1 件，大大小小一共 29 件。

文献里面记载冬至奏乐祭天要用这个大型土鼓演奏，除了陶鼓、拓鼓和石琴等，还有竹子做的乐器等，可以判断，那个时候已经存在乐队，在祭祀活动上有盛大的乐舞场面。

距今 4300 年开始的陶寺社会出现了明显的乐器组合，不仅仅为礼乐器，更能窥视出"礼制"的形成。

乐器的出现，意味着陶寺时期一定存在着某种大型祭祀活动，然而，这是否和观象台有着直接的联系呢？答案是有！

复原土鼓的局部

中国历代各民族都有祭祀的习俗

陶寺观象台的重要任务之一，就是通过观测，测算举行祭祀活动的时间。

观象台观测太阳的主要作用之一，是判断大型祭祀举行的时间。毕竟，在生产力水平低下的史前社会，人们更看重神权的力量。

由此看来，观象台、土鼓等乐器，其实在一定程度上都是为祭祀服务的。

通过祭祀祈祷上天，求得神灵指示，似乎是当时人们的一种生活常态。

农时说

陶寺出土的玉，特别干净朴素，没有花纹。良渚的玉，上面花纹繁复。两个地方出土玉的差别很大。

作为一种礼器，玉在中国传统社会中占有重要地位，它的形制、纹饰，基本就是当时社会文化的集中体现。对比陶寺和良渚两地出土的玉器，可以看到明显的区别。

良渚玉器纹饰精美繁缛，最典型的图案是神人兽面纹，

良渚出土的玉器纹饰

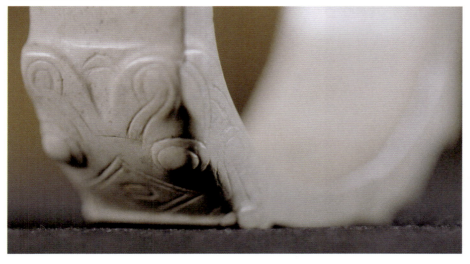

陶寺出土的玉器

且多见于玉琮，对此，比较流行的解释是把兽面纹看作萨满的形象，玉琮则是贯通天地的法器。

而陶寺出土的玉器朴素大气，上面几乎没有任何花纹，更多的是体现器物本身的实用性，这至少说明，在陶寺人心中，祭祀通神并不是唯一的。

6000 多年前，尼罗河畔的古埃及人创造了太阳历。

4000 多年前，陶寺人在晋南盆地筑起观象台，完成了从观察太阳到利用天象指导农业、规划农时的飞越。

人类文明的进程总是这样，过程按部就班，重要节点却又出人意料。

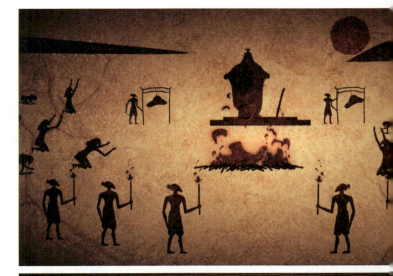

史前人类观察太阳

碳化了的陶寺小米　　　　　掺杂了杂物的陶寺粮食样本

今天看来，观象台对陶寺农业生产发展所起的影响，是毋庸置疑的。

陶寺出土的粮食样本被送到中国社会科学院考古研究所（简称社科院考古所）的实验中心进行科学鉴定。

这些当时送来的陶寺出土的粮食样本，刚送来时都是一坨坨的土疙瘩，粮食种子混在里面。在这些粮食中，小米占了90%的比例，除此之外是少量的黄米和水稻。

显微镜下查看陶寺出土的小米样本，可以发现它的植物性状和野生小米呈现出两种完全不同的状态，这充分说明了陶寺的粮食已是人工种植。

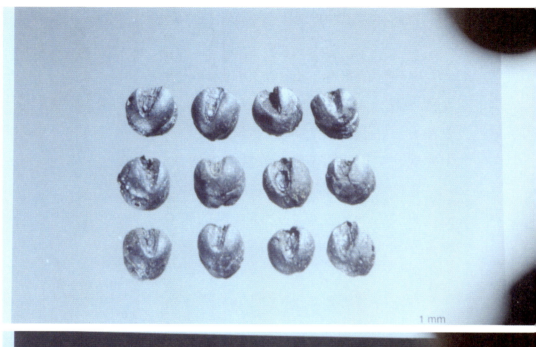

考古学家在电脑上对样本分析

✗ 独一无二的史前遗址

日出而作的农民

在历法的指导下，陶寺人日出而作，春播冬藏，人工种植的小米是他们的主要粮食。不仅如此，考古学家的另外一个发现，更加证明了陶寺农业的发达。

在陶寺发现的粮仓，它的形状像个锅，直径有 5 米左右，这样规模的粮仓考古学家发现有四五个，还有很多比这个小的。

在陶寺遗址西南方位，1000 多平方米的区域内，密密麻麻的粮仓一个连着一个，最大的直径可达 10 米。这样规模的粮仓，在同时期黄河流域的史前遗址中独一无二。

粮仓遗址

　　粮食的增多、粮仓的出现，真正意义上代表着古人由采集农业社会进入农耕农业社会，粮食储存保证了人口增长，使得更多人可以从农业劳作中解放出来从事其他劳动，促进了社会分工的形成。而陶寺

如今农耕文明已脱胎换骨

大粮仓的发现，则进一步说明 4300 多年前，这一地区农业的领先。

我们有理由相信，陶寺古人能取得如此出众的农业成果，这和古人通过观象划分节气、指导农事不无关系。

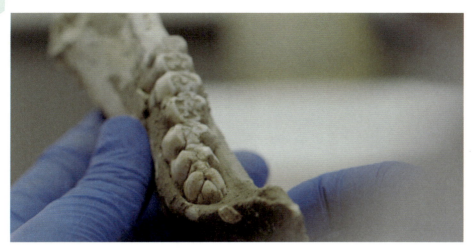

陶寺发现的猪下颌骨

　　除了大量人工种植的粮食被发现，社科院考古所的专家还做了动物食性研究，同样为陶寺发达的农耕文明提供了有力证据。

　　在陶寺遗址，出土了一块猪下颌骨，考古学家从这个样本中切下一小块，进行动物食性分析。

　　考古学家通过食性同位素分析，发现当时的猪以粟为主要食物，为什么通过这一点可以得出猪是人工饲养的呢？因为小米只有 3～4 个月的成长季，如果不是人为种植、收割、投喂的话，每年猪只能吃数个月的小米，它的骨骼同位素值不会显著升高，由此推断那时候的猪是人工饲养的。

饲养家畜，是农耕文明的标志之一，因为家畜的饲养，有赖于粮食的充足和稳定。这一切归根到底，都需要当时的人们掌握历法、顺时劳作，因此具有观象授时功能的观象台，有助于当时的农业生产。

观象授时，注定成为4300年前陶寺人的一次时代选择。

古代文物豕尊

观象台的意义

12月的山西已经非常寒冷了，气温在零摄氏度以下，考古队员在这样的天气里爬上了位于襄汾县的大崮堆山采石场，他们敲击了一下那里的石头，发出的声音很好听，和石磬的音质很相似。他们要收集这些石材样本带回北京检测。

大崮堆山采石场位于陶寺遗址西南，和观象台的直线距离为五六千米，此前，考古队曾将这里的石材和陶寺出土的石器进行比对检测，结果显示，二者材质一样。因此，考古学家认为，观象台修建所用的石材，就是出自这里。

考古学家甚至搬石块垒起来，模拟观象台修建，并计算当时所需的人力和修建天数。

考古学家发现，如此庞杂而繁重的工程，绝不是一人之力可以完成的，大量的人力投入，背后一定有一个集中的王权在向他们发号施令。

人类迈入农耕文明，农业生产不再仅仅是个人的事情，影响农业生产结果的天文历法作为当时最高科技的体现，只能掌

考古学家向大崮堆山采石场前进

考古学家在采石场

握在极少数统治者手中，成为一种集权控制的工具。

农业文明始于古人对天文的探索，而天文对农业生产的影响又促进了人类政治文明的发展。天与地、个人与群体，就这样被关联到一起，推动人类文明前进。

4000 多年前，古人对时间的掌握，还有很多我们无法破解的秘密。作为同时期黄河流域规模最大的城址，陶寺创造了发达的文明，将中华民族进入文明社会的年代，至少可以在此前认知的基础上再往前推进 500 年，这是足以改写历史的考古发现。

然而，和很多其他史前文明一样，陶寺文明在历经 400 年的时间后戛然而止，是什么原因让一个如此辉煌的文明悄然消失？在中华民族源远流长的文明进程中，陶寺又扮演了怎样的角色？

临汾风光

寻迹 祖先

　　我们的国家为何叫"中国"？这个名字从何而来？在陶寺最大的一座王墓中，考古工作者发现了一根残长171.8厘米的漆杆。经过专家的复原、研究，这根漆杆被认定为迄今发现的中国最早的圭表。利用圭表观测日影，除了测定节气指导农事之外，更重要的是确定"地中"。在古代权力社会中，地中，代表与上天沟通的通道，拥有地中，就有了发布信息的权威性，而这个观念，正是此后几千年王权统治者最为重视的中正、正统。"中"，甚至直接定义了我们这个文明古国之名。

🪶 陶鼓和乐队

农历二月二，是中国传统节日里的龙抬头日。每年这一天，山西省襄汾县陶寺村的村民都会献上一场惊险的舞狮表演。

天塔狮舞，是流行于山西襄汾县陶寺村的民间社火节目，在中国传统舞狮表演中独树一帜。这一舞蹈有着浓郁的地方特色，艺术风格与众不同，于 2006 年被国务院公布为第一批国家级非物质文化遗产代表性项目传统舞蹈类项目。

几十条板凳叠到十几层高，村民在上面跳舞，这可是陶寺村人特有的绝活。这一舞蹈体现了北国狮舞的粗犷、豪放、雄壮，惊、险、奇、绝、美……整个表演扣人心弦。

天塔狮舞的表演

陶寺出土的最大土鼓

　　天塔狮舞的表演过程大体如下：随着打击乐的响起，花开两支，一是在舞狮人的引领下，狮子奔场亮相，先来个热身。狮子们摇头、摆尾、转睛、动耳，一会儿蹲、立、奔，一会儿翻滚、搔痒、抢球、踩球。与此同时，几分钟内于平地间，搭起一座 29 条板凳叠成的 9 米塔台。在急促的鼓点声中，飒爽英姿的领狮人，健步走向高耸的天塔，吸气定位，飞速地在塔内旋转攀爬，仅用 7 秒钟的时间即攀上 9 米高的塔顶。

陶寺出土的土鼓

　　土鼓是给天塔狮舞配曲的最佳乐器。几只舞狮想要登上 29 条板凳临时搭起的 9 米高的塔台，就必须听从鼓乐的指挥。

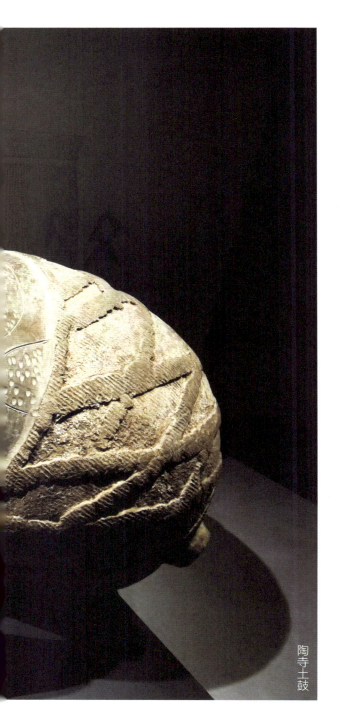

陶寺土鼓

鼓声浑厚，节奏明确，今天人们多将鼓用于歌舞娱乐，但是在中国古代，它却是行军打仗和礼仪祭祀中必不可少的乐器。

而十分有趣的是，早在4000多年前，鼓这种乐器就已经出现在陶寺。考古学家们认为，我们的祖先正是在陶寺敲响了中华文明的先声。

迄今为止，陶寺遗址出土鼓乐器达13件，而且可以敲打出多种音节。这些鼓乐器重有鼍鼓，也有土鼓。

此外，陶寺人还用石头打磨出了磬，音色清亮，后来逐渐发展为中国宫廷舞乐中常用的编磬。

铜铃
陶寺出土（距今约4000年）

鼍鼓
陶寺出土（距今约4500年）

铜铃是中国目前出土最古老的铜乐器，也是迄今为止最古老的一件复合范铸成的铜器。

陶寺人为了演奏出动听的音乐大概动用了他们所掌握的最先进的技术，也为我们今天研究古代音乐的发展提供了实证。

4000多年前的陶寺人表现出来的音乐

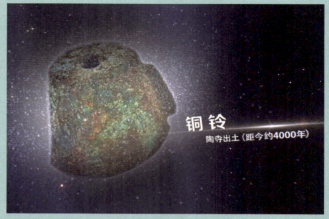

铜 铃
陶寺出土（距今约4000年）

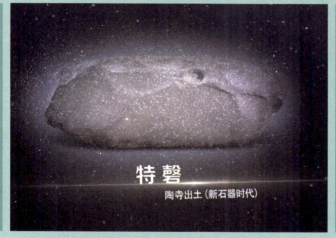

特磬
陶寺出土（新石器时代）

天赋，仅仅是为了追求声乐上的享受吗？

其实不然。

有考古学家认为，正是这些乐器在4000多年前的陶寺古国奏响了华夏文明的先声，证明了影响中国数千年的礼乐制度在此萌发。祭祀影响夏商周的礼乐文明，是从陶寺开始形成。

礼制分析

在社科院考古所的展览室，陈列着夏商周各个时期出土的礼乐器物，演绎了一部中国礼乐发展史。

在社科院考古所专门从事中国礼乐制度和礼乐文化研究的研究员解释道，整个一个国家的结构是家国同构，家族的结构和国家的结构具有重合性，这样对家族祖先的崇拜也成为国家信仰。这些青铜礼器常用于对祖先祭拜的仪式上。

新石器时代到夏商周，再到秦汉以后甚至近代的中国，因为基层的血缘家族具有重要的地位，礼乐文化一直伴随着非常重要的作用。山西陶寺出土的特磬，是由巨石制成，上有孔，可悬挂敲击。后来在殷墟乃至东周出现的特磬和陶寺的特磬其实是一脉相承的。

当然，与成熟的商周礼乐器不同，陶寺出土的礼乐器还处于雏形阶段，除了铜铃、玉石，大部分属于陶礼器，但这些陶礼器，如土鼓、特磬、簋、鬲的形制和后世有着明显的承继关系。

战国时期曾侯乙编钟

◢ 墓葬反映出来的社会阶层

礼乐制度不仅仅是宗教和政治上的一种仪式，更是在人类社会出现阶层划分后逐渐形成的社会管理制度。

那么，4000多年前，陶寺先民们组建起的社会结构是怎样的呢？

其实，从出土的墓葬中可以看出，那个时候就已经是很明显的金字塔社会组织结构，平民占95%左右，王、贵族、王妻妾约占5%。

陶寺城复原图

王
0.9%

贵族
4.1%

平民
95%

中国人视死如生，生前的生活往往会被带入死后的墓葬。

自陶寺遗址发掘以来，考古学家共发现了 1300 多座陶寺时代的墓葬，通过墓葬的大小和随葬品的数量，考古学家对这 1300 多位陶寺先民的身份地位进行了划分。

从墓葬分析，首先有王权的存在。墓葬里有宫城，就是王死后的居所。陶寺宫城基本完整，自成体系，规模宏大，形制规整，结构严谨，并具有突出的防御性质。

考古学家还发现了祭天祭地的礼制建筑，这一建筑是先民们祭天、祭地以及祭祖的地方。

陶寺墓葬　　　　　　　　　　　　　　　墓葬随葬品

考古学家对墓葬进行分析

龙盘

在陶寺遗址出土的诸多随葬品中，有一种随葬品十分稀少，存世仅有 5 件，只见于陶寺早期 5 座最大的墓葬，具有非常明确的身份象征意义。

通过陶器手工艺人之手，考古学家复原了这种随葬品的制作。从塑胎和烧制上看，工艺要求不算复杂，但画工要求极为精细，因为上面描画的是中国古代帝王的象征——龙。

今天的考古学家将这种随葬品称为龙盘，虽然盘上的彩绘蟠龙纹和我们后世常见的不同，更像是一条口衔树枝的巨蟒。但是，威严不可触犯的图腾，确信无疑地向世人证明，它们的主人是掌握了社会最高管理权的王者。

龙盘

🀄 "豕之牙，吉"

陶寺遗址中有一座王级大墓属于陶寺文化中晚期，距今大概有 4100 多年。这座大墓规模之大、随葬品之奢华在中国史前墓葬中屈指可数。墓坑面积将近

大墓中单独的一件猪骸和玉石兵器钺

大墓中 10 具猪骸

16 平方米，深达 7 米，随葬 110 多件器物。

猪是史前先民驯化最早的一种家畜，一般被视为财富的象征。在这座大墓中，考古学家发掘出了 10 具猪的残骸。此外，还发掘出一件单独的公猪下颌骨，其摆放位置显然比那 10 只猪更为重要，位于墓主人头顶墓壁的中央。还有 6 把精美的玉石兵器钺以公猪下颌骨为中轴，整齐地排列在墓壁下。

这 6 把钺都没有开刃，显然它没有任何实用价值，不能用来砍杀。考古学家们认为这样的文物组合，彰显了墓主人的帝王身份。

接下来一个细节让考古学家感到迷惑，作为公猪下颌骨最明显特征的粗壮獠牙被人为掰断了。直到墓葬南壁出土了一张下葬前就被折断的弓，考古学家才揣摩出这件公猪下颌骨的真正含义。

马王堆帛书里专门有一篇《昭力》其中有一句话"豕之牙，吉"，意思是什么呢？表面意思是把公猪的牙拔掉，大吉大利，深层意思是有军队，也不要穷兵黩武，此称为"盛而不用，修兵不战"。

对大墓的还原

修兵不战的帝王，其主要工作是什么呢？

2002 年末，M22 陶寺中期王室大墓发现了一根残长 171.8 厘米的漆杆，考古学家按照粉、绿、黑色带段的区分，自漆杆底部到顶部对每一段色带编号，包括中间缺失和顶端残损部分，编了 44 个号段，并实测了漆杆上每段色带的长宽，做了总长度为 180 厘米的复原品。

它出土于陶寺最大的王墓，一定有某种特殊的用途。在考古学家看来，黑绿相间的色带更像今天测量用的标杆，但它是测量什么的呢？

漆杆可不可能平置于地面测量日影长度，就像古代圭表中的"圭"一样？为了证明这跟漆杆有可能是圭表，考学学家进行了验证。

考古学家对漆杆进行了复原

周公测影台

在河南登封告成镇，有一座3000多年前的测影台，《周礼》记载，西周时，周公姬旦营建东都洛阳，在这里垒土圭、立木表来测量日影，这是目前遗留下最早装置圭表的观测台。

据传，在营建东都洛阳的时候，周公曾经在这个地方测影。当时为什么要在这个地方立土堆和用木杆进行测影，其主要目的是寻找"地中"。《周礼》——《地官·大司徒》说，"以土圭之法测土深，正日影，以求地中。"

登封市告成镇观星台遗址

登封观星台的选址，与中国古代所谓的"地中"观念分不开。地中观念首先是一种地理概念。中国古人长期认为地是平的，大小是有限的，这样，大地表面必然有个中心，这个中心就是"地中"。

地中的概念，是建立在天圆地方的宇宙观之上。虽然从今天的天文学来看，并没有所谓的地中，但在一个已经有了阶层、有了等级的古代权力社会中，地中，代表与上天沟通的通道。拥有地中，就有了发布信息的权威性。

如果在陶寺发现的漆杆，就是用以观测日影的土圭，陶寺人由此可以获知，每一天时间变化的规律，每一年有多少天，可以确定东南西北的方向，利于农业生产。在年复一年的耕作与收获中，陶寺人找到了自己的坐标。

以我为中，界定四方。

而这个观念，正是此后几千年王权统治者最为重视的中正、正统、权威。中，甚至直接定义了我们这个文明古国之名。

陕西出土了一件西周的文物何尊，大家没想到的是，"中国"一词最早就出现在这件青铜器的铭文上面。

仔细观察铭文中"宅兹中国"的"中"字，一个方框，中间一竖，中间如同玉琮游标，而上面两根飘带仿佛圭尺上的色段刻度，文字的样子竟与圭表中圭尺的造型十分相似。

考古的基本原则是靠证据说话，但是即便是最严谨的考古学家看到心仪的文物也不免会对历史充满了遐想。

"允执其中"一词见于《论语》尧曰篇，据说尧舜禅让时，尧曾经这样告诫舜：上天把帝位授予你，你要秉持中正之道。如果

铭文中"宅兹中国"

何尊

天下百姓贫困穷苦了，上天赐予你的权力也就永远终止了。

圭表，是汉代的叫法。在汉代以前，圭表就叫作"中"。尧对舜说"允执其中"，其实就是在说：我把政权交给你，你秉执其中正之道，治理好国家。

我们今天在猜想揣摩陶寺先民们的故事和他们的所思所想，虽然还有待考古发掘更确切的证据，但是，巨大的城池、古老的宫殿、神秘的观象台，还有琳琅满目的文物确信无疑地表明，4300多年前陶寺先民们已经建立王权国家，开始迈向文明时代。

黄河流域冬日麦地

中期后的乱象

　　遗落的枯叶、衰败的灌木，提醒人们寒冬已至。

　　陶寺村玉米的收割季节已经过去，冬小麦却正在迎来它生机最盎然的时刻。生死枯荣，在轮转中前进。

　　在陶寺考古过程中，考古人员看到的陶寺文明，既有汇聚四方的繁华盛大，也有颓势已定的衰败乱象。

　　陶寺宫城里有一个核心建筑，相当于我们现在故宫三大殿的台基。

　　这是陶寺王权的核心区域，从土层判断，在陶寺晚期，它不仅被夷为平地，而且还有人为报复性的破坏痕迹。

在陶寺晚期的时候，有一座宫城被彻底毁弃了，宫城里的宫殿也毁掉了。考古学家断定，这是有意而为的，属于人为破坏。

正当考古人员对这些破坏现象多方猜测时，一具尸骨，让他们对陶寺中晚期开始的社会动乱有了更直观的认识。

陶寺出土的女性尸骨

在这个被毁弃的宫城里，有一具女性尸骨，保存相对完整，考古学家经过清理，发现女尸的颈椎是碎裂的，她的盆腔里还插着一根牛角。可见她在死之前受到了极度的折磨，牛角竟然插到身体里没拿出来。

这名女性死亡时 35 岁左右，骨骼风化程度低，比一般骨骼保存得更好，这意味着她生前生活优渥，拥有健康的体格，应该是陶寺古国的贵族阶层。

与这位贵妇死亡相关的一个考古现象是，考古人员发现在同一时期有大量贵族墓葬遭到挖掘毁坏，著名的 M22 王级大墓就是其中之一。这位有可能集神权、军权、族权于

一体的王者下葬后不久，就被人拖出棺木惨遭肢解。

然而令人奇怪的是，在这些被毁墓葬中，大量陪葬品都还在，而且明显能看出，有些陪葬品是被故意打碎的。考古学家断定，毁墓的目的不是偷盗墓中陪葬品。

在陶寺遗址的贵族墓葬中，为什么会出现非比寻常的残暴场面？考古学家从毁墓对象均是当时身份地位崇高者这一点推断，毁墓者有意而为，目的就是掘坟曝尸。

学者们分析，这种行为实际上是进入国家阶段以后的政治性报复。这样做其意味是：我对你的尸体进行亵渎，把你的尸体挖出来，挫骨扬灰，再踩上几脚，断了你的帝脉，让你一万年翻不了身。从这些决绝狠厉的毁坏痕迹中，我们不难看出，当初的行动者怀有极为强烈的仇恨心理。

而更令人唏嘘的是，陶寺古国有400多年的历史，却只辉煌了200多年，遭到报复性毁坏后，文明虽然存在，但找不到它继续发展的痕迹。陶寺人在那一刻到底遭遇了什么？最后又去向何方了呢？

华夏之源

在 400 余年的历史中，陶寺古国只兴盛了 200 多年，在一场毁灭性的动乱后，陷入了持续 200 年的黑暗期。虽然史前先民生活的痕迹依然存在，但是这恢宏的文明似乎消失了。那么，缔造这一史前文明的陶寺人去了哪里？文明又是如何延续的呢？考古学家经过多年的研究论证，发现陶寺人与周人同源，陶寺文明与近代中华文明相似。这一惊人的发现意味着，陶寺人带着 400 年的文明成果，走出陶寺，走向中华大地，孕育出日后中华民族主流文化的基因。

✕ 陶鬲的出土

　　每次考古发掘结束后，考古人员都会转入室内，开始文物的清理和修复，这是复原远古先民的生活场景、准确认识当时社会发展面貌的基础。

　　陶寺考古人员经手最多的文物非陶器莫属。

　　陶器是人类文明起源时代必不可少的生产生活用具，或是因为传统，或是使用方法和目的不同，不同时代、不同地域的人类族群烧制出来的陶器往往有着不一样的形状特征，考古学家们称之为器型学。其中日常使用的炊具，直接反映了普通百姓生活习惯，也微妙地折射出时代的细碎变化。

　　在陶寺文化的器具中，有一种炊器称为釜灶，上面是釜，所谓釜就是锅，下面是灶，烧火的灶。两个部分被一体化，就称为釜灶。

　　釜灶是陶寺早中期主要的炊器。同时陶寺还有另外一种炊器就是斝（jiǎ），这种斝，在陶寺早期中期晚期都有使用，除了这两种主流的炊器之外呢，从陶寺中期开始，突然出现了鬲。

新石器时代的陶釜

陶寺出土的陶鬲

　　陶鬲是一种用以煮熟食物的炊具，外形特点是有 3 个肥大的空心足，稳固支撑的同时，可以最大效率利用燃烧产生的热能。使用时，在 3 个袋状足下直接燃火煮食。器形与鼎相近，区别在鼎有实足，鬲是袋状足。从其相似的功能与形状来看，鼎应该是由鬲发展而来的。

　　而考古学家之所以关注陶鬲，是因为他们发现，陶鬲在陶寺遗址出现的年代很晚，极有可能不是陶寺古城原住民习惯使用的器具。

　　鬲本身出土的位置非常地有意思，出土于一个两三间屋的小房子里，这个房子正好建在被破坏了的陶寺宫城内，距离东北角门的出入口很近。

　　在中国古代，宫城是王权的象征，相当于北京明清时代的紫禁城。而一群使用陶鬲的人将房子建在了毁坏的宫城里，他们会不会就是摧毁陶寺古国政权的人呢？

石峁古城

一个冬日，考古学家驱车前往 300 多千米外的石峁遗址。

陶寺遗址究竟是为何衰落的？答案很可能就隐藏在石峁遗址中。

石峁遗址位于陕西省榆林市，它基本是和陶寺同时

期存在的一座史前城址。这是一个超大规模的城市，包含王城台、内城、外城三重城垣，面积超过 4 平方千米，比陶寺古城还大。而且考古迹象表明，石峁遗址也已经孕育出早期国家形态，文明高度足以和陶寺媲美。

考古学家发现，石峁遗址与陶寺遗址曾经有过相当密切的联系，石峁人习惯使用的炊具陶鬲就是证据之一，它的制作手法和外形与陶寺遗址中期突然出现的陶鬲如出一辙。

此外，玉器、彩绘等文物同样表明，4000 多年前，黄河中游的这两座史前超级城址一定存在某种联系。

石峁遗址

石峁遗址

🔖 骨针贸易

石峁考古队发现了一种精巧的骨制工具——针。

石峁人采集到骨料后，会把这些骨料砸碎，然后从中挑选出长条的骨片进行切割、打磨，变成细小的骨条，再进一步打磨和钻孔，直到这些骨条变成骨针。

整个制作过程中，打磨和钻孔是两道非常重要的工艺，稍有不慎，一根骨针就会报废。

这些骨针的针眼，和现在的钢针一样，非常细。针也很是锋利，能比较容易地穿过鹿皮。所以，石峁人制作这些骨针的技术是相当高超的。

骨针在史前人类的生活中并不罕见，不过在石峁发现挖掘

石峁遗址出土的骨针

出的骨针数量实在过于庞大，以至于他们只能靠称重的方法估算骨针的数量。

一根针的重量是多少？也就是0.1～0.2克，通过大致计算，考古人员估算这里发掘的骨针数量是非常大的，应该超过3万根。

骨针质地坚硬，靠手工打磨才能完成。尤其是在史前时代，它不会是人们随意丢弃的消耗品。而在这里一次发掘就集中出土了3万多根，数量之多明显超过了石峁人当时的生活需要。那么，石峁人生产出这么多骨针的目的会是什么呢？

石峁遗址出土的贝壳

考古学家推测，这些骨针很有可能是商品，这种推测并非没有依据。因为在石峁遗址出土了大量的海贝，大家都知道，古代是用贝壳做货币的，也就是说，4000多年前，黄河流域已经有了商品贸易。这会是真的吗？

⽂ 羊皮筏子

羊皮筏子

大江大河会被视为史前时代货物交通往来的障碍。但是，如果看到羊皮筏子的制作，人们就不会再把黄河作为天堑。

在山西永和县，老伐工重现了羊皮筏子的制作过程。一张完整的羊皮将豁口扎进，然后吹气鼓起。几张羊皮上担上木板就变成了一具可以漂浮在黄河上的羊皮筏子。

"筏子客唱歌……"

山西永和县乾坤湾，蜿蜒浩荡的黄河水在此拐弯。今天，以皮筏渡河是当地百姓开展的一个旅游项目，当地用羊皮筏子渡黄河的历史由来已久，对岸就是陕西延川县。

"羊皮筏子的好处就是方便，运很多货物可以将多个筏子组在一起，单人过河用一个羊皮也可以……"

虽然我们今天并不知道陶寺和石峁两地的百姓在距今 4000 多年前是否也用羊皮筏子渡河，但是其取材容易，制作工艺简单，由此估计史前时代，黄河应该也阻断不了晋地和陕地之间的交流。

碧村遗址

  从永和县的乾坤湾逆流而上，来到蔚汾河和黄河的交汇处。近些年来，考古学家们在这里发掘出了一处史前遗址，佐证了人们关于陶寺与石峁之间存在相互往来的推测。

  这个遗址就是碧村遗址。碧村遗址西接黄河，南邻蔚汾河，往西大概 51 千米处就是陕西神木市的石峁遗址。

乾坤湾

山西吕梁市碧村遗址位处黄河与蔚汾河边高高的台地上，地势险要，像是一座扼守黄河交通水道的军事堡垒。

碧村遗址的东围墙采用了一种复合墙体建筑模式。

东围墙的内侧墙，现在能看到比较规整的立面，然后里面是一些乱石和土混杂在一起填塞起来。外墙紧贴着内墙而建，这两堵墙建在一起的目的就是增强整堵墙的稳定性。和绳索一样，我们通常看到的绳索是由多股绳索拧扭在一起的，这样就能增加绳子的牢固性。

碧村遗址的城墙与石峁古城相似，采用巨石和泥土夯筑，十分坚固，而且出土文物也和石峁遗址相仿。

考古学家推测，碧村遗址很有可能是当时石峁古国管辖下的一个据点。通过这个据点，石峁人就可以沿着黄河顺流南下，进入临汾盆地，抵达陶寺。

那么，4000多年前，陶寺和石峁这两个并存于黄河中游的超级古国究竟是商业伙伴还是军事对手呢？

今天，考古学家还难以给出答案，或许两种关系都曾经存在，就像我们今天世界的大国关系。

✄ 陶寺人到哪里去了

陶寺古国兴盛了 200 年，在一场毁灭性的动乱后，陷入了持续 200 年的黑暗期。黑暗期，这里依然有史前先民生活。缔造这一史前文明的陶寺人去了哪里？文明又是如何延续的呢？

考古学家一直在对陶寺遗址出土的人骨进行科学分析。

陶寺遗址因为处于黄土区的核心区，而黄土的酸碱度比较偏中性，对骨骼的破坏比较小，不像南方地区的土壤比较偏酸性，对骨骼的保存特别不利，所以在北方地区的完整人骨出土较多。

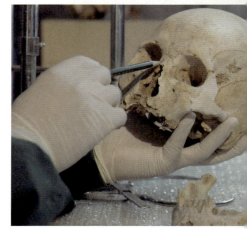

人骨蕴含着许多信息，尤其是头骨，即便是数千年后，只要没有腐烂，考古学家就可以依据头骨的形状还原出它的面部肌肉结构，相貌特征，进而判断出种群族属。

因为遗传和不同地区的不同生活习惯，即便同是中国人，不同地区的人也各不相同。生活在东北的蒙古族

考古学家对头骨就行分析

与海南岛上的黎族面容各有特点，而西北人与江南人面部样貌特征也略有区别。

据此，考古学家将陶寺人的头骨与后世人的头骨进行对比，只要样本数量足够多，也许能从中推测出陶寺人后来的去向。

Y 字形的迁徙路线

　　根据体质人类学，对头骨的鉴定，需要有上百条数据统计。数据涉及对颅骨高度、鼻骨宽度、下颌骨角度等的测量，每个头骨的全套测量时间要 1 个小时。

　　从 2000 年开始，相关研究小组对陶寺文化中晚期墓葬和灰坑中的人骨进行了性别年龄的鉴定和种族类型的分析。

　　分析表明，陶寺人后来对黄河流域，甚至包括华北地区、内蒙古南部、西北地区的古代人群都有基因贡献。

　　陶寺一带的文化呈现向各地移动的现象。它们以陶寺为中心，沿着太行山往北，到达山西北部之后分成两个方向向北迁徙。

实验室的人骨

其中一支的走向是西北方向，与鄂尔多斯河曲地区的文化相遇。还有一支往东北方向，与红山地区的文化相遇。这一文化迁徙形成了一个 Y 字形的走向，所以我们称之为 Y 字形的迁徙路线。

通过头骨测量数据的统计分析，以及相关研究，考古人员发现，陶寺人与周人同源，与近代人相似。这意味着，创造出辉煌陶寺文化的人群，并没有随着陶寺王城的没落而消失，他们离开了陶寺，去到更加广阔的天地，甚至有可能在晚期暴力来临之前，大部分的陶寺人就陆续举家迁出。不管是外来入侵，还是内部的矛盾，一次又一次的冲突之后，陶寺人选择了离去。

将陶寺人的头骨与近代人比对，陶寺人与华南近代人关系最近，其次为华北近代人。这一事实，其实正对应了中国历史后来的发展：历史上中原地区的人大批南迁，现代华南人的源头很可能在北方。

近代华南居民的体质特征与古代华南地区居民体质特征相比，已经更多具有华北地区居民的特征。或者他们本身就是直接从华北地区和其他北方地区迁徙来的。众所周知，在中国历史上，战火频繁，大规模的人口迁徙是不可否认的事实，从秦汉时期开始的大规模人口流动和民族大融合趋势也延续下来。

咸陽

古代战争场景复原

临汾华门，华夏文明的纪念碑

　　4000多年前一场环境地理气候变化的契机使中华大地的史前文明，在陶寺完成了一次集结，成就了独树一帜的陶寺文化。

　　400年，短暂一瞬，却是漫长中国文明进程中无法被忽视的起点。

　　陶寺人带着400年的文明成果，走出陶寺，走向中华大地，它孕育出日后中国主流文化的基因，基于血缘关系，由近及远，在此后生生不息地流动、变迁与交融。

　　通过家谱，我们能找到与先祖的血脉联系，一笔一画，这些能够读懂的字形和含义串联起几百年甚至几千年的时间，让庞大的家族有了来处。

　　当我们今天回溯寻找祖先的时候，祖先的含义是基因血缘的传承，更是我们文明的延续。祖先们缔造的文明因子最终聚合成磅礴系统的华夏气象，融入每个中国人的血脉之中。

图书在版编目（CIP）数据

陶寺猜想 / 科影发现编 . -- 北京 : 中国科学技术出版社 , 2023.6（2024.2 重印）
（博物馆里的考古大发现）
ISBN 978-7-5046-9916-9

Ⅰ . ①陶… Ⅱ . ①科… Ⅲ . ①文化遗址—考古发掘—襄汾县—通俗读物 Ⅳ . ① K878-49

中国国家版本馆 CIP 数据核字 (2023) 第 033813 号

策划编辑	徐世新
责任编辑	王轶杰
封面设计	锋尚设计
正文版式	玉兰图书设计
责任校对	张晓莉
责任印制	李晓霖

出　　版	中国科学技术出版社
发　　行	中国科学技术出版社有限公司发行部
地　　址	北京市海淀区中关村南大街 16 号
邮　　编	100081
发行电话	010-62173865
传　　真	010-62173081
网　　址	http://www.cspbooks.com.cn

开　　本	710mm×1000mm　1/16
字　　数	117 千字
印　　张	12
版　　次	2023 年 6 月第 1 版
印　　次	2024 年 2 月第 2 次印刷
印　　刷	北京瑞禾彩色印刷有限公司
书　　号	ISBN 978-7-5046-9916-9/K・359
定　　价	88.00 元

（凡购买本社图书，如有缺页、倒页、脱页者，本社发行部负责调换）